Sekunde durch Hirn

Ein unheimlich schnell rotierender Roman

Melchior Vischer

Alpha Editions

This edition published in 2022

ISBN : 9789356901278

Design and Setting By
Alpha Editions
www.alphaedis.com
Email - info@alphaedis.com

PRO UND EPILOG

Ein unheimlich schnell rotierender Roman, steht unter dem Titel. So mag es, obwohl nichts besonders unterstreichend, bei Tag unter gewissen Blickpunkten erscheinen.

Gut denn: Roman. Doch unter den betäubenden Strahlen einer Mitternachtssonne gelesen, scheint es erst zeitlich, dann über-, zuletzt unzeithaft, schnittig, Stahl: Epos.

Und endlich unter dem embryonalen, ja komischen Gelicht des ausgedörrten, beinah gekreuzigten Monds kriecht es vielleicht höchst lächerlich als abgekicherter Schwank hervor.

Gescheit und blöde, erlogen und wahr, schief wie ein lauter lungenblutender Traum, erhaben toll und toll erhaben, ganz närrisch: Fastnachtsspiel. Bei der schreienden Fackel der Selbstverbrennung jedoch, beweihraucht, martervoll ein Tedeum, geschrillt in den katholisch ehrfürchtigen Ausklang eines Gassenhauers: Aschermittwoch.

Aber Aschermittwoch mit Sonnenblumen.

Ich opfere dieses astronomische Punktierbuch, auch Bibel, geschrieben in Prag zu einer Zeit, die molluskenhaft, ich mathematisch wirklich nicht bestimmen kann, es sei denn mittels ultravioletter Geometrie, jenen, von denen Karl Einstein in Bebuquin sagt: „Zu wenig Leute haben den Mut vollkommenen Blödsinn zu sagen. Häufig wiederholter Blödsinn wird integrierendes Moment unseres Denkens“, darum sage ich einmal wieder einen andren, durchaus neuartigen Blödsinn.

In fünfzig Jahren oder in fünfzig Minuten ist dieser mein guter Blödsinn bestimmt apodiktische Weisheit.

DER ROMAN

Jörg Schuh stand breit am Baugerüst, lachte zugleich mit dem kreischen Ton des Stichels, kaute sein Brot und wußte, daß er Stukkatör. Scharf war Wind in dieser Vogelperspektive. Mit einem Aug am Gesims ornamentierend, mit andrem aufs Pflaster vierzig Stock tief hinabblinzelnd auf sonnbeklexten Asfalt, der grell herauf schrie. Trotzdem straßerasendes Gemensch sehr winzig unten wimmelte, sah er dennoch den großen Busen der Magd Hanne aus dem Wolkenkratzer gegenüber Nr. 69.

Der Busen, der Bubusen ist prächtig plastisch, als hätte ihn ein Stukkatör geformt! entriß sich ekstatischer Satz aus Jörgs bewundernder Kehle mit oberhalb geilen Glotzaugen, die überkegelten, Planke schaukelte, Kopf, Füße wankten quer durcheinander, *Windpfiff*. . . . .

(kroloscho su krolo su su suuuuu huih — — — iiihh! die Ewigkeit! in die Ewigkeit! Fahr mr Euer Gnadn? grüßte spiegliger Zylinder gelbblauen Mannes einladend, billig, der Kilometer drei Halsbrüche und neun Tode. Ich bin Ekstatiker aufm Kubus, im letzten Leben war ich Mathematikprofessor und da auf der großen Milchstraßn bin ich jetzt Droschkenkutscher. Also fahr mr Euer Gnadn? — Nein ich danke, ich nehme prinzipiell nur Taxameter! — Aber ich hab Gummireifen an den Radln, oh Marke „Gigant". — Gehns in ein Bordell! — Bittäähh!

Guten Abend Jörg, lachte es an sein eines Ohr, als er apollenähnlich, kraftschenklig durch raketenhaft erleuchteten Spiegelraum mit seitlichen Flüster- und Zeugungsecken schritt, nun das gertenschlanke Mädchen eng an den Neger gedrückt sah. Komm Jörg, schau zu, wie Du gemacht wirst, roch es betrunken, wie nun Schwarz und Weiß in kleines diwangeschmücktes Gemach torkelten, und das Weib sich seufzend an den muskelharten Lenden des Mohrenathleten rieb, so ein Mysterium abkeuchte. Auch die Porzellanteller, die Zinnkrüge waren sehr schön.

Siehst Du, Jörg, das ist es. Schwarz traf ins Weiß. Darum ist auch Dein andres Ohr schwarz. Das weiße ist dumm wie der Acker Europa, hört nichts. Das schwarze hingegen hört alles: Vergangnes und Zukünftiges, bis sich der Kreis schließt. Es hört so genau, daß es weiß. Und vernimms: es gibt keine Gerade, was grad deucht, ist Stück vom Kreis. Darum ewiges Symbol die Schlange, deren Kopf den Schwanz beißt, so sich frißt. Aber laß die Filosofie, Jörg, die ist nur ein Käsezuber. Im besten Fall. Denn sonst fehlt auch der Käse.

Als sie akterschöpft halb schläfrig lag, hüpfte der Nigger hinaus, tanzte im elektrischen Lichtgewog vor bezechten Ministern, griechischen und tschechischen Dirnen wilden Tanz, daß alle im Halbkreis ineinanderverbogen den Urwald brüllen hörten. Staunen goß über Fallobus herab: der Neger, der hier nackt trampelte, daß ihm Schweiß bächefloß. Das war Parföm für die schnuppernden Nasen der geilen Huren. Und sie griffen sich selbst. Denn die Minister hatten ihre Klemmer verloren. Fallobus wuchtete Beine durch Luft, trat klitschend aufs Parkett, ließ Muskel, Geschlecht zucken, war und verhieß: Stärke, Zeugung, Koloß, Kraft zur höchsten Potenz. Und wieder brüllte Urwald.

Drinnen lag die Begattete und schlief fast glücklich.

Urwaldtanz und Urwaldsang umwob die ersten werdenden Zellen Jörgs. Auch blökte der Kriegsminister wie ein Schaf. Ein Schampanjerglas klirrte und löste seine Scherben in Wohlgefallen über einen fraulichen Unterleib aus, der entblößt herrlich gurrte. Damit nur nichts passiert, schrie der Kriegsminister. Dann lassen sie halt ihre Kanone los.

Auf einen Flaschenrund leuchteten imaginäre Haare zwischen Fleisch herab Warum grüßen denn nur die Pferde so devot? Und man hörte einen Bach rieseln.

Der Nigger grinste bleckend Zähne.

Nun schaute Jörg zu, wie er in Finsternis Zelle an Zelle setzte: So ward. Überbald im siebenten Monat zerbrach sie das gläserne Gefäß und die Bäurin stieß Frau mit Keim hinaus. Nun kam durch die Nacht der rotschlitzige Sklavenaufseher und striemte mutterndes Weib, bis sich ihr Blut mit dem Salz ihrer Tränen vermischte. So ward endlich der Maure gerührt und barg über die Blasse den Mantel. Immerhin freute der Heide sich bald über die dreizehn Füchse, die sich gülden in seiner Hand drehten, als der Portugiese doldige Frau wegschleppte.

Dann saß er dabei und hauchte der Mutter wärmend auf die Scham, als er auf einer andalusischen Barke im Hafen Lissabons zur Welt sich schrie. Drei Matrosen, wütend, weil aus heißem Kartenspiel gerissen, stießen herbei, sahen kreischendes Weib, das sich in Blut suhlte. Man griff Jörg, dann die Mutter, die schon Augen geschlossen, steif gekrampft so erkaltete. Schnell warf einer die Tote über die Reeling. Der große Steuermann setzte Jörg die Bulle an, ersoff ihm erstes Geschrei im Branntwein.

Die zwei Andern lachten endlos über die Scheckigkeit der Ohren des Neugebornen: das eine weiß, das andre schwarz.

Dann tobte Straße um ihn. Spielzeug war Kot. Labung Prügel. Steuermanns Haus schnapste Budike. Pflegvater selbst war auf See. Seine ihm unangetraute Frau Hafenhure. Auch Zwischenhändlerin für feine Leute mit seltenen Genüssen. Alles ist bei Coma zu haben, war Parole und Schild. Doch am meisten pflog Coma am eignen Körper edles Handwerk. Litt gern orkane Passion. Sie, gar massiv schnellte sich besonders an massive Männer. Oft sah Jörg zwischen zerschlagnen Fenstern wundersame Vorgänge, die Wärme überprickelten. Einmal frug wissenwollender Knabe qualles Weib: warum liegen immer die fremden Männer in Deiner Stube? und fühlte schon den Schlag, der sein Gesicht benetzte. Da frug er nicht mehr. Spielte weiter mit Kot und den andren stinkenden Kindern der Gosse, sah einmal, und sah einmal betroffen auf, als elegantes Gig von vornehmer sehr schlanker Dame gezügelt, knapp vor mittagsöder Budike hielt, energisch den Rappen bremste, vom Sitz mit leichter Lassobewegung sprang, dabei ein kleines Weiß unter flutendem Rock sehen ließ, doch nur für den Schwung eines Moments, schon stand, beschattet durch livreeierten Diener vor dreckbeschmiertem Jörg, dem mauloffnem Jungen mit Gerte gering über Backe fuhr und tönte: Ich brauche einen jungen Athleten. Die Coma handelt doch damit. Führ mich zu ihr! — Jörg faßte durchaus nicht, schrie aber kreischend: die Königin! die Königin! rannte damit weg. Ziehmutter Coma indes trat vor die Tür, glänzte in Verneigerei, offerierte drinnen ihre Ware: starke Burschen, die sie teils selbst schon erprobt. Drei Goldstücke erlechzte Coma für angepriesnen Mann, auf den die Wahl der Dame fiel. Für ein halbes gab sie noch ihren Jörg darauf. Dann scholl Stimme durch das Gerümpel, scharf: Jörg! — Halb scheu, halb dummfrech angeschlichen ward Jörg geheißen, der Dame zu folgen. Der starke Mann kommt abends um acht, betonte Coma. Mit der Königin soll ich gehen? stürmte Jörg. Schaf! es ist Rahel, die Tochter des erzreichen Börsianers. Sie bezahlt mir gut für Männer, die etwas treffen, setzte sie noch klein für sich hinzu.

Nun war Zeit umrahmt von Mayonnäs, kandierten Früchten gebackenen Hühnern. Körper entlaust schwoll in guter Wäsche. Spiegel warf Bild eines vornehmen Knaben. Jörg hielt Rahels Haus für Traumland künftigen Paradieses. Wenn nicht gerade schon jetzt Paradies, so doch immerhin Paradiesbett. Wonne wars ihm, täglich gegen Abend zusammen mit Rahel zu baden. Sie spielte mit ihm, doch wußte er noch nicht, was es bedeute. Nur leicht dämmerte ihm erste Geografie: Halbkugel, Gebirg, Bucht, Schlucht, Waldung, See und wieder Bucht mit äquatorialer Wärme. Bei Nacht lag er Wache vor Tür ihres Gemachs, wenn ein Mann über die Schwelle in Schwüle getreten. Rahel liebte Abwechslung. Aber viele rochen nach Fusel. Alle aber waren Hünen. Erste Zeit blieb Jörg in Entwicklung zurück, deshalb wollte ihn Rahel zum Eunuchen bestimmen. Dann aber schoß er hoch. Bekam

Muskelansätze. Brannte schon immer mit ihr zu baden. Schon des Morgens genoß er davon im Geiste. Es überkroch ihn etwas wie Wohlgefühl. Rahel leitete langsam über. Und da entsann er sich dunkel, in der Budike Ähnliches belauscht zu haben. Und er lernte gut: war Stier an Wucht, doch geschmeidig, ausdauernd. Da trat Rahel badentstiegen nackt zu Nacktheit sprechend, nochmals den Jüngling Jörg kritisch überprüfend arabeskenhaften Ausspruch: es wäre mir leid, soviel Talent und Kraft zu beschneiden. Nein, Du paßt nicht zum Eunuchen, Du bist Künstler Deines leibbeseligenden, ach, ganz wunderbaren Instruments, das Du wie einen Meißel gebrauchst, sicher, straff, bestimmt. Wenn Du schon kein Bildhauer wirst, so gewiß ein Frauentröster. Du bist Goliath, mein Goliath!

Da trat Jörg ungemein fest auf, daß der Lüster erschrocken von Decke niederbrach. Man hörte aber keinen Zerlärm, denn er, Jörg, schrie wie Urwald.

Auf einer Lustfahrt schwand Lissabon, portugiesische Küste im Hintergrund, böende Winde trieben über Deck, dann waren Elemente heimtückisch ruhig, bis es blies und nächtens die edle Privatbarkasse in Gottergebenheit kenterte, Rahel mit Anhang vergluckste im Gewog, Jörg allein schlug mit Kraft das Wasser, wild, nun beharrlich lange, einen Tag hindurch, den zweiten und spuckte sich abends an Land mit Hafenlärm: Genua.

Fremd umklang ihn Sprache, sein portugiesisch Geschrei blieb unverstanden. Doch Athletengestalt gefiel: ein Mann kurzstirnig, berußt, dang ihn als Baggerer. Mit Genossen im Schlamm von Hafenrinnen stehend, schleimte er genuesische Laute nach, bald. Rammte die Pflöcke, platzte so im Gestemm schier vor Kraft, Entzücken und Wasserzusammenlauf auf zuschauende Schiffsdirnen, auch Kapitänsfrauen abwälzend. Bekanntes profezeihtes Glück längst seliger Rahel stülpte sich um seine Lenden. Die Herzogin Giova sah Jörg von weitem, brach in Sehnsucht aus, ging pralle Mannesmuskelkraft, Geschlecht sich stets erotisch vermengt vor Augen verlangend heim, schickte noch nachts ergebne Sbirren zum Hafenarm, wo sie vormittags den Starken geschaut, ließ Jörg aufgreifen. Noch vor der Gleiche lag er gefesselt zu ihren Füßen im sinnlichen, seltner Gerüche durchdufteten Gemach und beugte Haupt in Erwartung des Todes. Sie faßte jedoch geübt, vor Gier kaum lächeln könnend, riß ihm die Kittel vom Leib. Ward verrückt vom Geruch seines Schweißes, verschnob sich schier, lechzte, trank, biß. In kleinem Zimmer hielt sie ihn tagsüber versteckt. Einmal schmeckten ihm ihr Leib, ihre Lüste nicht mehr, sprang auf, schlug klirrend durchs Fenster, fiel weh aufs Kreuz, schon auf, über Parkmauer im Schwung, landeinwärts lief. Früchte von Bäumen gerissen, ihm Nahrung. Durch Staub, der weißlich durch alle Winde goß, an Klostereien vorbei, Sbirren ausweichend, die scharlachrot bemützt auf Heeresstraßen nach ihm suchten, endlich bei Sonnensunk er laute breitdurchstraßte Stadt betrat. Einer Höklerin warf er ins einfältige Gesicht Frage nach Namen dieses Orts: Milano. — Gebrechlicher Mann frug plötzlich, kaum neben ihm, mit hartem Italisch. Jörg schlug ein, ging mit Messer Sebaldo, ranzte sich hin, schlief morgenzu, erwacht stand als Holzschnitzer auf. Staunte noch über plötzliches Spaltel in der Hand, das ungefüg Ritzen ins Holz querte. Schaute auf, traf Sebaldos Blick, erinnerte sich, daß er gestern auf Straße wegmüde von jenem Gütigen aufgegriffen, versprochen hatte, Gottesschnitzerei zu lernen. Der Messer war, so kramte er aus Rederei zusammen, nicht Mailänder sondern war aus Deutschland ins Welsche zugewandert. Jörg lernte schnell, zeigte Geschick, ja sogar Gefühl, fing auch etliche deutsche Brocken auf, sang, war zufrieden. Zumal ihm noch junges Weib des Messers Feierabend mit Busen und andrem vergnügte. Nach Jahresablauf sauste unerhoffte Freude über schwächlichen Messer Sebaldo hinweg: seine Frau warf einen kräftigen Knaben ans Licht. Da dem Gesell mütterliches Weib nicht behagte, auch er nicht Ähnlichkeitstheorien in bezug auf Neugebornen für später abwarten wollte, nahm er Abschied, ging seines Wegs, ein Stück Hammelkeule als letzten, gar nicht so sentimentalen Liebesgruß im Felleisen.

Alpenzu er schritt.

Am St. Gotthard warf er seine beschmutzten Füße in das Kloster, sagte, er sei vom Himmel gefallen, früher Abt in Rom gewesen, jetzt hierher gekommen, um klösterliche Küche zu inspizieren. Die Brüder schlugen die Mönchskutten über ihre Scham und freuten sich sehr. Haha, dada, allelujah. Zu beten vergaß man. In großer Küche rastete Jörg. O das schön geputzte Messinggeschirr, die prachtvollen „Weck"gläser! Nahm Kienholz von der Butte beim Herd, griff Rundmesser, schnitzte schnell, sehr schnell ein Kruzifix. Da fielen die Mönche nieder, kredenzten Wein, gelobten ob des Wunders sich nunmehr zu kasteien mit Kastanien, aus ihren Bäuchen, Faßbäuchen leere Schläuche zu machen. Denn ein Abt ist vom Himmel gefallen. Mit einem Topf, gefüllt von Quark. Jörg aß, aß, aß. Blieb. Aß. Doch da ihm die Küchenmägde durch die Dauer der Klosterjahre, noch mehr aber durch die guten Brüder schon zu arg verbraucht, die einzige junge, kürzlich erst aufgenommen, er in einer Nacht gesprengt, daß sie sich in Blut vergaß, machte er sich auf, hielt sich zwanzig Hühner und fünfzig Falernerflaschen in seinen Ranzen, nahm einen bedeutenden Kranz von zweihundert Pasteten um den Hals, ging aus dem Kloster, von den Mönchen Hosianna über Kopf und Rücken nachberufen und von den Mägden schmerzlich bedauert, besser gesagt betrauert.

Auf der Landstraße östreichzu, hing sich ihm ein Mann mit Boxkalfschuhen und Zylinder an: Kommis aus Wien. Der Jüngling sprach ein wenig Italisch, auch hatte er d' Annunzio gelesen. Jörg griff dagegen Bissen von Deutsch auf und schonglierte bald damit, daß der Kommis gut erstaunte. Auf dem Weg tummelten sie Kurzweil. So steckten sie einer Bauerndirne, die beladen mit Eierkorb ging, einen ranzigen Fisch unter die jedenfalls keuschen steifgebügelten Röcke, daß der Korb kippte, sie bedrääängt nach dem Herrn Pfarrer schrie, Eier in klägliches Gemeng von Gelb zerbrachen. Noch ganz Gebliebne haschten sie sich zu, gingen gesittet weiter, filosofisch Lied frisch und freudig singend: Beim Schwanewirt ist Musik, beim Schwanewirt ist Tanz! Kutschen mit feinen Leuten als Insassen grüßten sie frech. Hirsche sprangen durch die hochrote Au, ein mit Zyankali angepfropfter Frosch zwinkerte unmerklich, aber aristokratisch Als sie einmal jemand befrug, wer sie denn seien, sagten sie imponierend stolz: wir sind zwei Professoren und suchen den Punkt. Jawohl den Punkt! — Dann, es war schon im Steiermärkischen, klopften sie Steine auf einen Wagen, der mit Porzellan fuhr. Und alle Töpfe zerbrachen laut schreiend. Es waren nächtliche Gefäße, bestimmt für den Freiherrn von Pospischil, der an allem Möglichen litt, monatlich mindestens dreihundert Stück solch nützlichen Geschirrs zerbrach. Das Geld hiezu wurde bei den p. t. Untertanen von einer k. k. Steuerbehörde noch zum Überprozent hereingebracht. Dafür zogen alle Leute demütig, auch freudig ergriffen den Hut, wenn sie den guten Freiherrn sahen. Manche Mädchen sangen dazu: Lang leb unser gnädger Franz!

Jörg und dem Kommis war's behaglich. Da bügelte sich schon der Stefansdom in die Luft. Mit einem: wir san woas! betraten sie walzerumtakte Stadt. Bei der Theres herbergten sie. Knapp, ehe sie ihr Haus beschlüpften, fiel Jörg vor einem Mann in kostbar verschnörkelter Kleidung und schwarzem Tschako in die Knie. — Was machst denn Jörg? — Ich dacht, das war der Herr Kaiser! — Kalb! das war doch ner ä Briefträger! — Angegessen schliefen sie. Früh war der Kommis weg. Auch Jörgs Felleisen und wenge Sechserln. Dafür lag ein Zettel da, worauf stand: Behüt Dich der Himmel. Ich fahre nach Ägypten, um mir den Clemenceau zu besternen, zu bestaunen, wie er sich vor mir erbrechen soll. Oha! — Jörg wollte sich schöne inhaltsreiche Epistel auf Portugiesisch übersetzen, traf es nicht, hätte aber trotzdem gern einen Regenschirm gehabt. Zum Aufspannen bloß. Doch die Wirtin, die noch schwer an ihrem Busen trug, erließ ihm für eine gute Arbeit lachend die Zeche, sagte sichtlich bewegt: Komm bald wieder! — Da kannst Du lange warten, Du Bottich, grunzte Jörg halb portugiesisch, halb italisch bei sich, laut aber sagte er deutsch: Grüß Gott!

Als er Hämmern hörte, trat er bei dem Steinmetz ein, bat um Arbeit, bekam zugesagt. Abends schaute er am Güterbahnhof zu, den Zügen, es rollte an, vorüber, wieder, im Taumel der Sekunde tat er Sprung, fiel auf Säcke, fuhr, duckte sich zurück in Wagen an Stationen. Nach dreißig Stunden stockte Zug. Jörg turnte ab, spürte Nacht, rannte gen fernes Licht. War an sächsischer Grenze. Sah im Trübschein des Zollwächterhauses einen Karren mit Milch. Packte eine Kanne, soff sie aus, schlief, morgens schritt er erzgebirglichen Hang hinab ins Tal.

Da er nichts Beßres wußte, ging er von kleiner Stadt umdrängt zum Gymnasium, schrieb sich dort zum Erstaunen der Professoren und Schüler in die genaue Liste ein, lächelte dann sanft, und bat um Empfehlung für ein moralisch gediegnes Kosthaus. Er war genug schlechter Schüler, aber Erfüllung aller Frauen der Stadt. Kannte die abgelegensten Winkel. Das hielt man für sehr scharmant. Da er zum Schluß fand, daß er überall vor und nach getaner, überaus präziser Arbeit gut aß, ließ er endlich sein Schülertum, sagte sich: Du bist schon über zwanzig! zog den Hut, ging auf seinen Mathematikprofessor, der durch feiertägliche Straße lustwandelte, zu und erkühnte sich barsch diese Frage: Was ist ein Punkt? — Betroffner ältrer Mann leierte Nervenschwach, ganz blaß den pythagoräischen Lehrsatz ab, meinte aber die Schlacht bei Austerlitz, dabei voll Inbrunst an das Kaiserbild im sonntäglichen verlassnen Klassenzimmer denkend. Jörg drauf fest und klar: Ich bin aus Religion durchgefallen, Sie aber sind ein Trottel, fragens Ihre Frau! ging sieggewiß ab und bekam von wartend lauschenden Jungfraun, auch Ehegattinnen sämtlicher Mittelschullehrer der Stadt Zigaretten, ja sogar diverse Spezialitäten geschenkt. Er konnte sich jetzt schon elegant verbeugen.

Nachdem er in einem Krawattengeschäft Freund des dortigen Ladenjünglings Naz Propper gewesen, war unterdes schon der Winter hereingebrochen und böte stark durch die Thermenstadt, in der früher Göthe vorübergehend gewohnt, die Johannes dem Täufer gewidmet war, beßres Wahrzeichen der Stadt aber wäre wohl statt eines Denkmals auf den Syrakuspilger Seume eine Statue des herrlichen Jünglings Naz Propper gewesen. Jörg wußte aber diese Freundschaft wirklich nicht gebührend zu schätzen, sondern trieb mit der ganzen Weiberkolonne zum Erzgebirge. Dort rodelte er. Auch lief Schi. Blieb draußen, feierte mit ehrbaren Fraun und Mädchen Sylvester bei einer Henny-Porten-Leinwand. Die Betten waren sehr elastisch. Machte um die Zwölferstunde komische Gebärden und schrie:

Ich bitte nicht drängen meine Damen!

Zur Sommerszeit war Jörg Matador der Sportplätze und schoß wahre Parafrasen im Fußball, daß alle entzückt schrien: Oooo! Jörg! riefs übers Feld, Jörg! hallte es wider. Nach Spiel vom Publikum begafft, umjubelt, von Fraun herausgetragen und schenkelbeklopft, das war sein Leben. Da entschloß sich Jörg, einem allgemein dringendem Wunsche entgegenkommend, liebenswürdig, seine Biografie vom Stapel zu lassen und kündigte daher einen Vortrag an, betitelt:

MEIN WERDEGANG

Ein Evangelium der Kraft

Ah! seufzten alle Turnlehrer der Stadt und strichen sich ihre besemmelten Bärte, das riecht nach etwas. Gegen das verzückte Wonnegeschrei der Damenwelt war das aber noch gar nichts. Abends war der Saal ausverkauft. Jörg trat heiter lächelnd zum Podium, nachdem Glocke schon elfmal zur Ruhe getönt. Doch ehe er beginnen konnte, stand vorn, natürlich in der ersten Sesselreihe Fräulein DDr. Bathseba Schur empor, die, da sie auf Medizindoktorat auch noch das der Filosofie zugetürmt hatte, so 24 Jahre alt, für den Horizont des Spießbürgers im allgemeinen und für die kleine Stadt mit Naz Propper im besondren immerhin ein Fänomen war, zur schärfsten Betonung ihres Ausnahmemenschenweibtums Haare kurz geschnitten, angenehm illustriert mit behorntem Klemmer auf süßlicher Nase, nebenberuflich Heraldikerin, stand also energisch auf und fragte:

Ehe wir Ihre Biografie vernehmen, haben wir ein Recht zu wissen, wie Sie heißen?

Jörg sagte mit einer ungeheuer jovialen Verbeugung:

Ich heiße § §.

Wie bitte? Paragraf Paragraf!

Ah! da sind Sie wohl der Embryo Ihres Jahrtausends?

Nein, nur der Zeitgenoß meines und *Ihres* Jahrhunderts! Man lachte ob der Antwort und verzieh ihm alles. Auch wurden die Lichter ausgedreht, schon damit das sehr gescheite Fräulein DDr. medizinische Studien befaßlich betreiben konnte. Hurra!

Die Folge jenes Abends war, daß sich Jörg mit dem vielgescheiten Fräulein DDr. Bathseba Schur verlobte, einen Tag drauf schon den veilchenblauen Bund der Ehe schloß. Schwierigkeiten sind unter feinen Leuten nicht am Platze. Da Bathseba in der Hochzeitsnacht, zu der ihre beglückliche Mutter besonders massives Kolossalbett beigestellt, ihren neuen, ach sehr kräftigen Mann aus einem sentimental kuhischen Gefühl heraus unter Absingung alter Tempelmelodie beschneiden wollte, gab er ihr eine Maulschelle, die nach Autobus roch, daß ihr der Klemmer vom rudimentären Sattel der Nase glitt, sie zumindest ein Doktorat im Schauer des Ereignisses vergaß. Er lief erregt durch den Raum, fühlte Kälte trotz der Jägerwäsche, als aber liebe trübe Bathseba in verzweifelnder Kopflosigkeit kein andres Mittel mehr wußte als sich ganz zu entkleiden, nackt und phallushungrig auf ihr lechzendes Passivum wies, da heulte er erst recht auf, stürzte weg. Im Lauf riß er die Marmortafel unten vor der Haustür mit der schön gelockten Nachtglocke stürmisch ab, daß der wilde Jäger Wuotan schier erschrak, sah plötzlich rückwärts bekanntes Doppeldreieck, rannte, rannte, rannte, trat schweißübertüncht, lungehüpfend in muffigen Wartesaal kleiner Bahnstation, verschwand im Zug, der bald anschob. Fuhr Tag und Nacht, bis ihn die weiße Einsamkeit Lapplands begrüßte. Als ihn erster Eskimo blöd bestierte, fragte er sich erst, d. h. fand er nun Zeit zu Fragen: Wie bin ich eigentlich hierhergekommen? Er blickte auf zum Äther, sah dort groß, grau im Gewölk die Initialen des Korsen Napoleon. Dazu hörte er auf einmal wie von sehr fern: Puppchen, Du bist mein Augenstern! So ins Leere gewissenhaft gestarrt, waren gleich Renntiere gut zu ihm, er begriff hier erst voll und ganz Franz Marc's Tierlegende, Verwandtschaft des Menschen mit Tier, die schon längst vergessen, ja Brüderlichkeit, wäre nicht Mensch bösartiger, fuhren nachdenkenden Gast an Hütte im schiefen Eisgebirg. Trotzdem Jörg nur einen pepitanen Sommeranzug trug, fühlte er durchaus keine Kälte, sondern stürzte, als er niedrigen Raum betrat, mit einer nicht alltäglichen Brunst über das frische derbe Weib, das ihrem Kind eben die Zitzen gab. Während der wilden Begattung, Spaß nach einer Bathseba Schur diese Wasserfallablenkung, stand der Besitzer dieses Weibes erfreut lächelnd dabei, und als beide matt, von so viel Erfrischung matt, kroch er an Jörg, leckte ihm bedankbarlich die schöne fette Hand. Jörg platzte sich inmitten der Felle auf brüllte: Hier herrscht noch die freie, primitive große Lust der Zeugung. Da Da! Hier ist die Mutter aller Kultur. Woher ich komme, aus dem verfluchten Westen, dort grinst nur strafbare Exhibition statt Kultur. Da Da! Ich fühle mich so stark, daß ich eine ganze Erde zeugen möchte. Da Da!!! — Mann und Weib, die bang zugehört, verstanden fremde Laute zwar nicht, fielen aber nieder, weinten auf seinen Unterleib herab, denn sie hielten ihn für den Gott der Himmelswut. Dann schlugen sie selbst ihre Nacktheit. Nächsten Tag standen hundert Eskimoweiber draußen und baten um seine Mannheit. Er bezwang sie alle in drei Nächten, leicht. Bei Licht küßten sie seine Füße. Nur bedauerte er, daß hier kein Telefon war.

Dann schlief er lange, einmal, bolschewistische Träume spazierten durch seinen Hirntopf. So sah er sich als Gründer der Fabrik Unikum-Kleeblatt-Margarine. Wenn das schon nichts auf sich hatte, so war es doch immerhin ein Urin-Chronometer. Eben fand er die astrale Kurve, die über Cézanne dreimal um Picasso sich wand, bei Arp und Hausmann, assistiert von Klee endete. Auch Palmen fächelten.

Ich schicke, ich Jörg, Serner und Tzara meinen intertellurischen Gruß und freue mich schon auf die Kahnfahrt über den Niagara. Wer spricht da Ich Jörg? Jörg bist Du, kein Ich! Blick, wie Jörg über den Wasserschaum schnellt, der Kahn kracht mitten in der Luft, zwischen Gebrüll und Gischt, setzt sich dann zum Erstaunen aller Ur- und Blattpflanzen wieder zusammen, steigt am Ufer aus, wirft drei Löwen, sechs Leoparden, zweiundachtzig Pinseläffchen und eine Generälin von der Heilsarmee zu Tode. Dann kamen Serner und Tzara, begrüßten Jörg und alle drei wurden zum Präsidenten von Amerika, Zentral- und Südstaaten mit inbegriffen, gewählt. Eine Dreiheit eins. Das war noch nie da. Aber Da Da. Neuer Präsident arbeitet keinen Völkerbund, auch keinen Friedensvertrag aus, wohl aber verbot er das Waschen mit der Sun-light-Seife. Eben wollte Jörg, freudig ergriffen für Ovation oder gar Revolution danken, als ein Papagei, grün mit blauem Schnabel, rosenrote Arie sang: Nun sei bedankt mein süßer Schwan!

Durch Jahrtausende glitt Jörg durch viele Zellkörperchen zurück oder vor? weil er plötzlich vergaß, was Zeit sei, und kroch in Nagasaki aus Blau des Himmels. Nicht Jörg rief man ihn, sondern Hoku. Schwitzte als Kuli, trug vornehme Herren, Beamte, Schogune. Einmal tropfte Prügel auf sein Gesäß, er Hände schützend darüber haltend lief durch Reisfelder, lang, bis knapp der Futschijama in sein beträntes Gesicht leuchtete. Eine Stimme sang: weißt Du denn nicht, daß Du einmal vor Jahrtausenden, oder wird es erst sein? als blasser Mann von einem Haus fielst, daß Dir der Schädel zerbrach und alle Atome schüttrer Hirnsubstanz durch den Kosmos fegten? — Da besann sich Hoku, klagte nicht mehr, rief aber durch den Schnee der Kirschblüten fremden Laut: Jörg.

Er war Maurer, hatte weißes Gesicht, dunklen Bart, fiel vom Dach, brach sich Genick, stand auf und ritt auf einem Silbergaul weiter als Student. Im Butzenscheibenhaus er verschwand, sah im Vestibül eine große Fliege, schrie: Fliege! schlagt sie tot! stürzte darnach, es schien ihm als stünde er am Platz Notre Dame zu Paris, viele Leute fielen, verfolgten die Fliege, fühlte er, die Fliege, Jörg selbst, die Streiche, fiel hin, trat gleich drauf aus dem schlanken Gebäude, leichten Druck wie von Büchern unterm Arm, der Schofför verneigte sich tief, Auto nahm ihn auf. Erstaunt. Sonst fuhr darin ja die berühmte Tragödin Mia Miu. Warm wars innen. Kleiner Tisch pries solide Speisen aus. Vollständig auf der Höhe der Zeit, wirklich erstklassiges Auto, dräut der Winter noch so sehr. Da unkultiviertes Geschrei: wüster Balkankopf schaute herein durch geschliffnen Glasesglast, aufriß Tür, Bombe schwingend er sich plötzlich slawisch devot entschuldigte: O verzeihen Sie, ich dachte, Sie sind der Thronfolger von Österreich-Ungarn, der durchlauchtigste Herr Erzherzog Esterhazy Bankerott!

Das halt ich nicht aus! warf Jörg seine Arme, griff aber nur den Busen des Eskimoweibs, erwachte aus höhnischen Traumgesichten, fand sich da als Jörg. Er hatte seltsamerweis Füße oben auf der Fellstatt, Kopf hing ihm unten. Da stand er auf, schüttelte seine Mähne, rief: Frisör! Als niemand erschien, befahl er den Schlitten zu richten, schrieb schnell noch ein Buch über das Vorkommen der Beistriche und Punkte bei den Romantikern, besonders zum Gebrauch für Eskimos dargelegt, erläutert, mit Anmerkungen und Fußnoten reichlich versehen, klopfte einer jeden von den abschiednehmenden Urweibern eins leutselig auf die Scham, und fuhr. In Hammerfest mietete er Boot, ruderte, schlug Winde und Wasser, schrillte einmal als er fern portugiessche Küste nach Wochen sah, schoß schon unterm Äquator, stieg in Afrika ans Land, bölkte: Da da bin ich.

Hier bedeutete Leben siedenden Kampf. Fletschende Nigger wollten dem schmucken Mann aus Elfenbein die Haut abziehen, er hob aber wuchtig seine Pranken und die plastischen Negerköpfe sahen alle Feuer vom Himmel lodern. Also verehrten sie ihn als Gott, Sonnengott. Das, was man nicht verzehren kann, sieht der Mensch als Gottheit an. So stand es in der Grammatik. Nur schmerzlich wars, daß Jörg auch hier das Telefon vermißte. Doch Morsetelegrafie verstand man. Besonders die Negerweiber, die sich, als sie Jörg sahen, vor ihm unscheu, ganz dem Zweck der Sache entsprechend hinspreizten. Ein starker Mann ist überall gern willkommen. Dieser Satz, vorgeahnt bei der Reichsgräfin Motz-Flankenbusch in Berlin WW, wurde ihm hier inmitten der Kannibalenweiber erst voll und gediegen bewußt. Zum Zeitvertreib machte er aus Gummibäumen schöne Gegenstände, die er gelegentlich den Fraun der Mitglieder der Friedenskonferenz zu Paris überreichen wollte.

Sonne scholl mächtig am Zenith, als er vor dem König und sämtlichen Ministern des Kautschukstaates einen volkswirtschaftlichen Vortrag hielt.

Kannibalisch sprach er schon besser als europäisch. Jörg erörterte sehr eingehend die Relativitätstheorie mit besondrer Berücksichtigung des direkten und allgemeinen Wahlrechts bei Fraun und bat zum Schluß ein geehrtes Publikum Hedwig Courths Mahlers Werke künftighin zu singen. Das verbat sich aber sofort der Königshäuptling Tschampassa sehr energisch, da auf Jörgs soeben entfloßnen Rat hin gleich alle Kannibalenweiber kräftig angefangen hatten zu singen: Lori vergib! Als man die erregten Fraun inbezug auf diese Originalhymne beschwichtigt, fuhr Jörg fort in Rede. Allen Jungfraun ist Jungfernschaft und Grafenheirat im Voraus garantiert, sogar patentiert D. R. P. Nr. 606. Da stand ein Minister auf, trat an Jörg heran, sprach etwas. Jörg kühl: Sie meinen das ist Patent für eine Bogenlampe? Aber ist Bogenlampe und Jungfernschaft nicht einunddasselbe? Der Minister machte eine zweideutige Bewegung, die Jörg aber eindeutig auffaßte, meckerte beinah: Ich verstehe jetzt Herr Minister. — Ich bitte, dafür beziehe ich auch Gehalt.

Der Vortrag endete tief ergriffen. Sämtliche Negerfraun sandten eine Begrüßungsdepesche an alle Dienstmädchen, absolvierten Gymnasiastinnen und Hörerinnen der Filosofie inbezug auf vorteilhafte Hebamme und Schriftstellerin H. C. M. mit der ungeduldigen Schlußfrage: wann kommt denn schon der nächste Roman? Umgehende Drahtantwort bitte unter: Klub der Negerkünstlerinnen, Kautschukstaat, Afrika.

Schon war Jörg nahe daran im Kautschukstaat eine Eierkonservierungsanstalt m. b. H. zu gründen, als er mittels eines Kranichs einer Ungemütlichkeit entfloh, nach Schina, denn sonst hätte ihn ein hysterisches Negerweib beinah in seine Mannheit gebissen, die ihm doch so teuer. In Schina gestrandet, betrat er Schantung, weise Heimat Kungfutses. Vor dem Tempel in Küfu drosch er nieder gleich Blitz, ward so im Gelunger rückwärts achselberührt, nahm schon Huldigung des gastlichen Würdenträgers entgegen, sprach sonderbarerweis Schinesisch, erinnerte sich überhaupt nicht mehr seiner weißgesichtigen Heimat, gelbte Gelb, hieß: Lü Tschang. War kaiserlicher Statthalter, ging, als er hochbetagt gestorben, bei seinem Begräbnis mit, war auch unter den Zuschauern auf der Straße, von wo aus er den Leichenzug ehrerbietig, fast demütig grüßte. Dann durch den Kopf eines Mörders gefahren, der eben in allen Sprachen gescharfrichtert wurde, nun sich in das blöde Lallen eines Neugebornen versteckte. Als er in Rattengestalt durch schmutzige Straße Pekings lief, ungeacht ihn aber alle als Gottheit beriefen, da stank er sich aus, verging, schlüpfte durch Äther hinaus in den Weltenraum, atmete erleichtert freie Zugluft, dann auch nicht mehr dies, murmelnd: Jörg, Jörg! flog plötzlich schneller, rutschte auf ausgestorbnes Land, das magisch wie Castans Panoptikum schillerte: Mond. — Eben griff er mit Händen um sich, als aus einem Krater mit vielen

Bücklingen ein Mann segelte, vor ihn hintauchte und sich griechischen Lauts als Pythagoras vorstellte. Jörg hätte ihn kaum erkannt, denn dieser anmutige Zellhaufen, einst so berühmt in der Mathematik seines Mutterplaneten da unten, sah jetzt unfaßbar verworren aus. So stand Pythagoras' Nase beim Hinterkopf, der Mund schwoll zwischen Gefüßwinkel wie frauliche Schamheit. Freudig teilte ihm der Greis mit, daß er der einzige Bewohner des Monds sei, jetzt von Glück aber fast übertroff, da noch ein Lebewesen, was man so Lebewesen nennt, angekommen sei, dem er längst bedrückendes Geheimnis anvertrauen könne. Trotz mondlicher Kälte, die Jörg unangenehm übereiste, schwitzte Pythagoras arg wie er da sprach: Lieber Erdenfreund! Mein Lehrsatz ist falsch. Hier habe ich erkannt, daß es heißen soll: der Kreis über der Hypotenuse, $r_c = \frac{1}{2}$ c, ist gleich der Summe der Kreise, $r_a = \frac{1}{2}$ a, $r_b = \frac{1}{2}$ b, über den beiden Katheten. Denn merke Dir: alles ist Kreis, nie Quadrat. Quadrat ist unendlicher Blödsinn zur Minuspotenz. Ich wollte diese Erkenntnis, Berichtigung schon immer hinabsenden zu dem besoffnen Fragezeichen oder Anfangsendpunkt, aber dieses tolle Gewürm da unten fängt wohl meine Lichtstrahlen auf, glaubt, sie seien vom Mars gefunkt, und telefoniert mir mit meinem falschen Lehrsatz zurück, daß mir vor lauter Ärger die Nase nach rückwärts, der Mund in die Knie gefallen ist. Komme ich wieder dereinst nach irrationalen Jahren auf diesen intertellurischen Fußball „Erde“ zurück, dann werde ich Billardkugelfabrikant. Schabel schimel schum. — Mathematischer Greis glotzte geometrische Zirkel vor sich hin. — Eine Frage lieber Pythagoras: meinen Sie, daß es Erfolg haben könnte, hier auf der Mondlandschaft eine Fabrik für Reformunterhosen zu gründen? — Das wäre auch für Nichtwesen im allgemeinen und für mondliche Bakterien im besonderen zu unpraktisch. Schon wegen der gegenseitigen Anziehung. Schabel schimel schum. — Da kehre ich also mittels Parabel zur trunknen Erde wieder rück, sauste schon weg. Mond auch zu rasend kalt. Vergiß nicht unten meinen Satz zu verbessern. — Nein, durchaus nicht, seien Sie onbesorcht lieber Geometrieschonglör, requiescat in pace oder Konserven sind die beste Nahrung für terren Völkerbund, lieferbar zu 800 Prozent, Verdienst 2. 600%, dann nicht zu vergessen das Geheimnis aller Planetenwelten, die es ihren regierenden Sonnen zuflüstern: Busoform wirkt enorm. — Schabel schimel schum, schreien Sie nicht so!

Auf Erde gelandet griff Jörg Knochen, schaute auf: neuer Balkan war um ihn mit großmannsüchtigen Natiönchen, Stimmgewirr heiser, ungefüg, immerhin slawischer Umkreis beflaggt, buntklecksig, Festorkane bei Zunderbeleuchtung mit Minusvaluta als Stundenregent: Prag. Gilbe Funzel am umseuchten Himmelbett Europa. Die Stadt der Brüllaffen und Flöhe, der Korruption, des neueuropäischen Bazillus idioticus militaris, auch der

Angelpunkt sämtlicher Wimpel einer westlichen Welt mit Salvarsanbehandlung, Zentrale der Schieber, die mit Staatsbankerott Hausse trieben, der verstopften Kanalisation, der schnellsten Elektrischen der Welt und Stadt der sechstausend Minister. Jedermann ist, war oder wird Minister. Dafür geht es dem Volk glänzend. Es bekommt Uniformen umsonst, schön poliert, darf neun Jahre lang schießen, wenn auch nur mit Erbsen, und sich am Roulettespiel Austria rediviva beteiligen. Das alles für eine gute Krone mit Löwenstempel, die in Zürich auszugeben als internationales Wagnis gilt, da Du vom schweizer Schandarm sofort verhaftet wirst. Krenwürstel tragen die Fraun an den Ohren neben böhmschen Brillanten. Auch ist man manchmal sehr ernst: dann wird hierzulande, Buchtenlande ein Schenie mit I geboren. Das A singen geigen gurren alle Leute dazu, kommt die Rechnung zur Bezahlung. Jörg lag erstaunt noch auf holprigem Pflaster, als er urgroßes Tüü hörte, schrill in sein armes Ohr, das noch vom Mond träumte, und ihn bald ein ministrielles Auto überfahren hätte. Da stand er todesmutig auf, waghalsig, brüllte: Ich danke! floh weg. Das Volk, anfangs dumm, heulte dann freudig auf: Hurra! der HERR Kaiser ist zurückgekehrt, nun gibt's wieder Kreuzersemmeln! Überetliche Soldaten standen stramm. Vom Hradschin herab dröhnte innerster Seele des Volks entgegenkommend ergebne Hymne auf das Haus Habsburg. Klosettdeckel, hermetisch verschließbar, auch schön bronziert wie manche Kandelaber dieser liebenswürdigen Stadt wurden verteilt. Durch beblumte Straßen schritt, nachdem vorher stark geböllert, pariserisch elegant, durch und durch echter Rasta, habsburgischer Vertrauensmann Ritter Dr. Karl Starkhand in grünspanrostiger Rüstung, in der er noch vor kurzem nach Rußland ausgezogen, um dort Präsident zu werden. Da es aber in diesem Lande seltsam brenzlich roch, auch bolschewistische Popoprügel noch brennend schmerzte, war jener Rasta auf französischem Kriegsschiff mit Schaumrollen und Yohimbintabletten, tief beladen, ergriffen zurückgekehrt, wurde hier sofort zum Berichterstatter höchst eigner Zeitung und zum Verwalter seiner Milliarden gewählt. Es war ein schöner Akt und geschah unter frenetischem Gebrüll. Auch Kanarienvögel bellten, während sämtliche Nähmaschinen seufzten. Jörg gurgelte wie Mundwasser wütend: Wie werde ich energisch oder hier will ich nicht neuer Herkules sein, der Saustall ist zu weitschweifig! ließ Duft und entwich nach Madrid.

In Spaniens Hauptstadt tausend Schock Zigaretten, daß er doch immer an Eier dachte, eingekauft, raste er nach Valljadolid. Hier am Grabe Kolumbus' riß er Knie nieder, schrie zum erstenmal kein Schalksnarr, kein Spötter, ernst, groß: WEIL ICH DIE MENSCHHEIT LIEBE, MUSS ICH DIE MENSCHEN HASSEN.

Über Italien schnellzugte Jörg nach Südtirol, aß in Bozen gute Birnen. Stieß auf sonngeschmückter Straße an faßgeformten Mann mit überroter Kutte. Ölig lächelte Glattrasierter, bat Jörg um Almosen, sagend, er sei Minoritenpriester.

Minoritenpriester? Warst Du nicht jener Pfaff, der in Wien im Kaffeehaus stank? Doch nein, Du warst ja der Verruchte, obgleich gesalbt, der dem Heiland rostige Nägel durch Glieder schlug.

Nicht gerade jener, doch ist mir Kristus bekannt.

Also bist Du ein Jude. Her Dein Herz! damit ich Dir es entschlitze!

Jetzt nach zwei Jahrtausenden noch Sühne?

Doch schon goß semitisch Blut übers Pflaster. Und Lächeln stob noch, als er, Jörg, wissend, einen Kristen getötet zu haben, entfloh. Wer? Spitze grelle Lacher ballten sich noch hoch. Und die Gosse heulte. Und die Gosse schrie.

Reklame bot frech „ANNA BLUME“ an.

Jörg unvermutet in Fiume angekommen, saß im Kaffee, dachte an Thomas von Aquino, dann an Grünewald, zuletzt an Gauguin, nun Kokotte ihn mit Blicken überflammte, endlich er sie frug nach Namen und mehr. Sie, statt Antwort, flötete: Es ist sehr zum Wundern, daß jetzt so wenig Leute an Trichinen sterben, nicht? — Allerdings! schrie Jörg, da jetzt zu viel Granatenauflauf gegessen wird. Mit Muse trank er seine Hammelkeule, jawohl trank, bannte Eros aus dem krokusnen Umkreis, erinnerte sich schmunzelnd der Schlacht bei Ronzevalles, stieß laut ins Horn Olifant, als sich der Kellner heranpirschte, das Schnupftuch aufhob, übrigens ihm das Zündholz bereit hielt. Nachher legte Jörg seine Hände blau vor sich hin, dachte halb an den Busen der Gegenüberkokotte, halb an den schönen Flimmer der Milchstraße, die zum Saturn führt, als klitschnaß das Licht ausstob und Finsternis durch den Raum peitschte. Schließlich ist unter Umständen Magenerweiterung, wennschon keine Krankheit, so doch ein Faulheitsübel. Und Stromschnellen sind auch nicht büchen.

Früh nahm ihn D-Zug in seine Arme, fächelte ihn in Budapest auf den Boulevard. Ernst antrat Jörg die Beamtin, boste ihm auf Madjarisch zu: Sie müssen sich am ganzen Körper rasieren lassen! — Wozu? — Nicht gesprochen! und schon schwamm Jörg im Bassin, beschaut, bekitzelt von vielen nackten Mädchen. Er sprudelte, da gab man ihm eine Rakete ins Maul, freute sich am Feuerwerk. Als er aufwachte, befand er sich in Berlin, hörte soeben die elektrische Klingel.

Japan hat letzten Endes auch seinen Mikado. Und Jörg Schuh legte seine Hände porzellangrün vor sich hin, wartete glommen Blicks. Kaum gepocht, trat otto-ernst bei ihm ein, auf Kopf den Gamshut, jodelnd, juchzend, sonst aber wundersam nackt, nur rückwärts im geehrten Steiß stak ihm prachtvoller Blumenstrauß. Wahrscheinlich Symbol eines Werdegangs. Ich bin nämlich auf Freiersfüßen, meinte eingetretner gediegner Dichter. — Da kann ich Ihnen gute Pommersche Gänse empfehlen, haben zumeist das Doktorat aus Germanistik, schreiben Lyrik, Tagebücher, auch Dramen. Wenn Sie aber eine besondre Spezies von gescheuten Damen kennen lernen wollen, lieber otto-ernst, dann pilgern Sie glatt mal nach Prag. Dort brüten, ja legen die Doktorweibsen herrlich, unermüdlich Eier. Laufen Sie hin, diese Guten werden gerne mit Ihnen turnen. — Ja Turnlehrer bin ich noch immer, bölkte o. e. stolz. — Na also!

Beim Prälaten unterm Stadtbahnbogen Friedrichstraße propellierte Jörg seine dekorierten Zähne in etliche Filets, schwomm das alles zu Bier, spielte über die weiße Rutschtafel des Tischtuchs zu dem Wesen hinüber, das er mit Frage bekollerte: Haben Sie schon einmal eine ganghofersche Nudelsuppe so gut verdaut wie ich mein Eisbein in Schelee? Und die vielen andren Romane, bald Miljö, bald Liebesromane auch der andren Autoren und Autorinnen, o die lieben Zuckerbrezeln. Im Ernst genommen, das ist die Liebe. Schließlich ist zwischen Penis und Vagina gar kein Unterschied, zumal wenn sie süß beseufzerlich beisammen sind, beide bestehen aus Fleisch, wenn auch geometrische Form etwas verschieden, riechen nach Mysterium, das nur eine Reibung mit Knallgasentzündung ist. Haben Sie denn das noch immer nicht verdaut, da es fort bei Ihnen als Neuheit wirkt, originelles Original will ich nicht sagen, haben noch immer nicht verdaut? — Da quoll der dort drüben, Frosch mit innrer Marmeladebeleuchtung, giftig auf, platzte und schmiß armen Jörg die Hure von Babylon an den Kopf, daß er alle Pyramiden Ägyptens wimmern hörte. Das ist aber auch ein feines Benehmen, aber ein sehr feines, schellte Jörg, lief in Straßentrubel hinaus, verlangte stürmisch eine Notleine. So einen Redner haben wir schon lange gesucht, schrien einige wild, von einer politischen Partei, tatzten ihm ihre Pranken aufs Schultergelenk, führten ihn auf einer Bahre unwiderredlich zum Parlament. Abgeordneter Jörg Schuh verbeugte sich schon vor rasend beifallklatschendem Haus. Herr Hannibal Hagen Liefke war eitel Sonnenblume.

Ich bin der Abt vom Berge, begrüßte Jörg das Parlament, komme soeben vom Mann im Mond und bringe Euch seine freundlichen Grüße,

Telegramme und das Offert, seine Hosenträger zu kaufen, die er selbst erzeugt, Marke „Herkules" bitte. Damit, d. h. wenn jeder von uns sie trägt, haben wir unsre Valuta heraus. Dem Herrn Finanzminister empfehle ich unbedingt zehn Paar dieser Hosenträger anzulegen. Dazu würde als gemäßigtes Kostüm sich ein Reiherhut mit Pantoffelschnallen sehr gut machen Übrigens: war das neue Wahlgesetz nicht sehr gut? Konnte nicht jeder Republikaner am denkwürdigen Wahltage unbesorgt seine kalte Schale löffeln, trotzdem das K. d. W. gesperrt war. Trägt nicht Pater Südekum einen wundervollen Frack? Wahrlich, wäre ich nicht Schuh, ich möchte Wilhelm sein! Ich bitte, beifalln Sie nicht. Und dürfen wir uns gefallen lassen, daß unsre besten Patrioten, die Schieber von der Regierung mit Steuern belegt werden? Wo doch Melchior Vischers dada-Spiele die Wohlfeilsten sind, was wir derzeit haben. Auch wollen mehrere Operettenkomponisten, Gründer und stille Teilhaber prunkvoller Weltbuffs, langverdienten Professorentitel erhalten. Man könnte ihn ja dem Weingartner oder dem Muck ruhig entziehen. Kann uns die Regierung auf alle Fragen, welch pyramidale Fragen, eine befriedigende Antwort geben? Nein, das kann sie nicht, aber ich kann eine Antwort geben. Also bin ich die Regierung. Schon schrien alle Kopfebenen: Es lebe Präsident Jörg Schuh! — Ich danke für die Illumination. — Zuguterletzt hatte man ja schon seit langem nicht mehr eine so klare präzise gedankentiefe, ja kosmoserschütternde Rede im Parlament gehört, wie eben jetzt die Jörgs. Zur Begrüßung stellten sich alle Tippmamsells in Reih und Glied, legten ihre Blusen ab und zeigten ihre gemischten Brüste. Da freute sich das ganze Haus und jauchzte: schließlich können wir auch das Hintre vertragen, oh wir halten was aus! Da ließen geistreiche Diener die Fenstervorhänge herab, damit keusches Dunkel ekstatische Insassen überstülpe. Löwen brüllten enorm, da die Menagerie ganz in der Nähe.

Vor dem Volk zeigte sich Jörg gemessen, ja majestätisch. Das ist endlich einmal ein Präsident! Helles Entzücken blütenschneete auf ihn herab, als er sich als Athlet entpuppte. Stemm Kraft Bemm. Da hörten alle Kapitalistenfraun, auch Autogattinnen so eigen, doch so wonnig einen Vogel irgendwo piepen. Die Muskulatur ist ganz prachtvoll. Auch die Nässe in untren Regionen. Dazu noch das Konzeptpapier. Und die schön gedrechselte Haarlocke. Und der Mops mit himmelblauem Seidenbändchen.

Aaaach!

Das war die Pirsch. Glockenblumen verneigten sich. Parföm geißelte Luft, die brüllte. Jörg gefiels in seiner Position so gut, daß er sprang wie Hirsch zur Brunstzeit, murrte, endlich verstopften Afters nach Brasilien schlotete. Dort bewunderte er den Körper eines Aufgehängten, verglich ihn mit Weisgerbers Sebastian und stoßseufzerte: Gut, daß es noch Semmeln gibt!

Am Kap Horn zog er sich aus und ließ seinen Leib im Winde wehn. Ah! stöhnte erschauernd eine U. S. A. Miß, Tochter des kilometerschweren Petroleummagnaten, die eben auf schwanener Jacht vorübersegelte. Sie legte an, griff mit nervigen Lawn-Tennishänden sich selbst betastenden Jörg, gischtete schamwehen Schrei durch stürmische Luft, zog äußerst männlichen Mann in hygiänische Kajüte. Man war schon im Golf von Mexiko, als Jörg, straff, in Nankinghosen das Deck betrat, die Miß währenddem lag noch schwach, die Hände breitete, Gruß ins sternengebannerte Chikago, vive Bendäda Hecht! voraussandte. Dort von Sippe der Miß hoheitsvoll begrüßt, schenkte man ihm zwei Klistierspritzen. Schwämme sind manchmal ungesund. Die Miß freute sich schon auf Abend: venetianische Nacht bei mattrosa Ampelbeleuchtung. Damenstrümpfe haben auch eine Biologie, ebenso wie Battistwäsche nach unten. Man kann sogar sagen, sie haben Geruch. Und darauf kommt es heute an. Geruch erzeugt Kolonien.

Bonbons sind nicht nur süß wie Benzin zum Beispiel, sondern auch Töchter von amerikanischen Petroleumkönigen. Zumal wenn ihre Hände durch vielerlei Sport geübt sind. Das war für Jörg ein Lueskatorsparkfest. Aber schließlich war er ja kein Tapezierer. So glitschte er auf einen Äroplan und fuhr wolkenquer dem antiquarischen Appetitsbrötchen Europa zu. Über London ließ er beglückt Wasser, sang: God save the King! Unten rief man: Zeppelin wirft flüssige Bomben! sofort eilte der Luftverteidigungsminister Woprschalek herbei, schrie: panove, panove! Es kamen aber nur Schusterbuben mit rotzbezapften Nasen. Die Lords knabberten Abführpillen. Aber eine Jungfer, nur eine Jungfer sah mit Fernrohr, woher troff der Wasserstrahl. Da betete sie: gesegnet sei dieser Strahl, denn viele Fraungefäße sind gedörrt und güst! dann bei sich: was heut alles vorkommt. — Unterdessen war Jörgs Äro schon weg, schoß wie getroffner Vogel nieder auf Helgoland, wo gerade Frau v. Tirpitz ihre Eier sonnte, währenddem die beiden Herren Ebert und Noske sich in prachtvoller Badebüx fotografieren ließen. Die Dame war unmutig ob der Störung. Jungfraun und andre Mädchen wetzten vor Vergnügen, Schauer ihre Badeanzüge. Der Äro brannte noch, als Jörg sich verbeugte und schwieg: Ich bin ein Künstler! — Aber womit? rülpste eine zehnjährige Göhre, die schon zwölf Jahre verheiratet war und fünfzehn Mutter.

Jörg Schuh, Jörg Schuh, hieß er denn nicht einmal Jörg Schuh? Nein, ich heiße ja noch Jörg Schuh. Hab etwas gelernt, kann etwas, bin etwas, wenn auch nur imaginär. Odol reinigt die Zähne, jawohl. Für alles gibt es Heilmittel, die nicht wirken, aber nur für die Kunst nicht. Es klangen vom Dom die Glocken, bis der Strick riß. Da schrie Jörg — —

REKLAMETAFEL:

Lachen Sie nicht meine Herrschaften, Sie wissen nicht, ob Sie sich selbst belachen. Dann aber lache ich. Wer sagt Ihnen, daß ein Quadrat immer und überall ein Quadrat bleibt. Lachen Sie, lachen Sie!

— — — *denn er war plötzlich Stukkatör.* Und da hat ihm einmal einer gesagt, er sei mehr als das, er sei Künstler. Da schaute Jörg auf, blinzelte leicht, erzählte Traum, den er einmal in der Steppe geträumt, zuvor gab er aber ein wenig Geometrie: Sehen Sie, ich machte mich einst auf, die Gerade zu verfolgen bis zu ihren Endpunkten, ich lief, schnellte, flog von Erde über Sonne zum Saturn jenseits der Zeit, durch andre Weltenräume, endlich jenseits des Raums, bis ich nach Myriaden hoch zur Myriadesten Erdenjahren wieder die Erde betrat, und da fand ich: es gibt überhaupt keine Gerade, es gibt nur Kreis. Das ist das letzte Geheimnis des Alls. Doch niemand will es glauben, sie lachen, sie lachen alle, lachen. Nun zum Traum: Ich saß an einem Sumpf und dachte an die Hure Kunst. Da fiel vom Himmel Blitz, zischte tief. — Schön! sagte ich. — Scheußlich quakte ein Frosch. Und doch haben wir beide Gemeinsames, beide leben wir, jener vielleicht viereckig, ich aber rund, vielleicht. Plötzlich drehte sich irgendwo in meinem Gehirnkino eine Kurbel. Ich sah anders. Schuppen fielen: durch Jahrtausende sah ich frei: Kunst ist, wenn schon nicht ein Vorurteil, so doch immer eine Privatansicht, stolzierte mir dieser bedenkliche Gedanke bedeutend durch das wirre Straßennetz meines wassersüchtigen Hirns, ehe ich in und durch Sumpf sank und mich übel vergurgelte, daß ich noch Jahrhunderte lang daran mich erbrach. Ein Äro, von französischem Siegesoffizier begattet, vergewaltigte Luft. Ein Vogel sang. Und ein Frosch zwitscherte.

Kroolookroooloookroooolooooschüüschüüschüüschüüüdadadaadaadaaada aa Löwe, rirIririririilülülülühihihihihiiii Pferd, poupoupouuou taktakpooooouuuuboooobooooooou Hund, schaulschaulschaulsususuu Hirsch, eieieiiiinöööööiööööiöööiiööööi—ööi—iööi Vogel, schief, quer, prasselnd wie Unwetter töteten endlich gefundne ichthyosaurische Urlaute die ganzen blöden Sprachen verkommener Erdkugel. Ich bin verrückt meinen Sie? O nein! meine Umwelt ist nur blödsinnig, zivilisiert, beschmiert, daher ich seltsam. Besonders seltsam pietätvollen gesunden dicken Leuten und Turnlehrern. *Wir wollen die Kultur zertrümmern, auch den bürgerlichen Wahnsinn, der oft so schön gefärbt und in Saffianleder gebunden, wir gehen bis zum äußersten Ende, dorthin, wo schon die große Freiheit grenzt:* Ursein. Wir trümmern, trümmern, und da da vom Grund auf, zuerst also kröch lackierte Sprache, daß nur übrig bleibt das einzige große DADA. — Huelsenbeck, Baader und Schwitters seid gegrüßt. Wir haben kein Erbarmen. Wir zeigen die Gescheitheit und prrr die Vernunft von ihrer Kehrseite. Wankt, wankt. An dem Sonnenmondtag, an dem die Kultur mit dem schamlosen Bastard Zivilisation zusammengekracht, da will ich dann hinknien auf Meer Ebne Wüste, Hände in reine weite Luft strecken, rufen wild stark groß:

WIR SIND WIEDER JUNG!

Ganz noch im Fall, Stockwerk 40, 36, 22, 9, 3, 2 sah Jörg windschnellenden Kopfs noch lang breit in sein Hirn leuchten quere Tafeln mit Goldbuchstaben

EIER EIER EIER UND BUTTERGESCHÄFT EIER UND BUTTERGESCHÄFT

O die Henne! gack, gack, Ei, Ei, Henne entgackerte Ei, das Hanne die Magd aus Korb gerade jetzt verlor, nicht wissend, daß es Jörgs Gehirn. Ei getschte auf Asfalt, entbrach sich zur Dotter, mischte sich schleimig mit Dreck und verging.)

. . . . *Wind pfiff und Jörg lag am Pflaster zerbrochenen Kopfs und Genicks.*

NB. — Für sentimentale, damit alles auch ein Ende habende Leute mit seufzend ergriffnen Kinoseelen sei noch der gediegen gute und nicht unbedeutende Schluß erwähnt, damit es halbwegs nach dispositionaler Erzählung stinke:

Wachmann wackelte zur Unglücksstelle, riß dem Toten die Messingnummer von Brust, glotzte darauf: Nr. 96. Herbeigelaufner Polier sah im Arbeitsbuch der Baufirma nach unter besagter Nummer, fand dort den Namen: Jörg Schuh, Stukkatör, Geburtsort unbekannt, heimatlos, Alter zwischen zwanzig und sechstausend Erdlebensjahre, sonstige Merkzeichen: seltsam eingedrückte Schläfen, wie bei altägyptischen Mumien. So. — Bahre ward herbeigebracht, Jörg weggeschafft auf Klinik zur Beschau. Der Professor sprach: Bitte, nicht lachen meine Herren und Damen! Es krallt nieder eine Variation von Büchners „Wozzek“: Ein guter Tod, ein echter Tod, ein schöner Tod, so schön, als man ihn nur verlangen kann. Wir haben schon lange keinen so schönen gehabt — — — ein ausgezeichneter Fall! Ich bitte wie deutlich meine Hörer und noch mehr Hörerinnen, wie deutlich: *Hirn ist strahlenförmig* der Schädelkapsel entspritzt und hängt gallert traubenhaft, doldig als schöner Kranz um Kopfperiferie. Ein schöner Fall, ein fei — — —

Nun kommt der Strich. Furchtbar schräg und plötzlich, der Strich. Erst einer quer ___, dann einer lang |, gibt zusammen o schwinget ihr Rauchfässer ein

9 789356 901278

Printed at Repro India Ltd.